LA VRAIE

RÉFORME SOCIALE.

Paris. — Typ. LACRAMPE fils et Ce, 2, rue Damiette.

LA VRAIE
RÉFORME SOCIALE

POUR ASSURER

IMMEDIATEMENT ET SANS SECOUSSE

LES PLUS GRANDS PROGRÈS HUMANITAIRES ET MATÉRIELS POSSIBLES.

Par A. Aülas de Courligis.

> Tout principe de rénovation sociale qui n'aura pas pour base
> l'égoïsme et l'ambition, ces types trop réels de l'humaine na-
> ture, portera à faux.

PARIS

LIBRAIRIES DE PAULIN
ET DE Mme Ve BOUCHARD-HUZARD, RUE DE L'ÉPERON, 7;
ET CHEZ LES PRINCIPAUX LIBRAIRES

1847

LA VRAIE
RÉFORME SOCIALE.

Je n'avais qu'un amour, il remplissait ma vie,
Il dilatait d'espoir ma pauvre âme ravie;
J'aimais... j'aimais la France, et son beau souvenir,
Et sa grande auréole, et son vaste avenir.....
Dans un doute sans fond j'ai vu sombrer mon rêve :
Plus rien! le sable seul est resté sur la grève.

Dire beaucoup de choses en peu de mots, non-seulement est un mérite, mais devient un devoir imposé plus que jamais par la confusion et par l'abus que l'on fait actuellement du langage écrit. Les discussions sur toute espèce de sujet ne présentent plus aujourd'hui que l'incohérence attribuée aux locutions de la tour de Babel, non point par suite de la diversité de langages devenus inintelligibles, mais bien par les tristes effets des passions cupides, égoïstes et inintelligentes, qui ont envahi tous les rangs de notre ordre social. Il est donc devenu bien difficile, sinon impossible, de se faire entendre dans ce chaos d'idées enfantées par notre époque si décevante d'une transition inqualifiable. Nous n'ignorons pas non plus que c'est absolument jeter ses paroles au vent, lorsqu'on est obligé de les produire sans l'appui de la richesse ou sans la faveur des coteries, et cependant nous ne saurions faire naître des circonstances plus opportunes que celles où nous nous trouvons, pour offrir à notre pays le résultat de sérieuses et salutaires réflexions, et qui nous ont paru assez importantes pour mériter de fixer son attention.

La société, malgré ses préceptes de morale et de religion, malgré ses lois et son organisation, tend à arriver à un tel état de malaise et de dissolution, que chacun doit s'empresser d'indiquer les remèdes qui pourraient, sinon la reconstituer entièrement, du moins la replacer dans une situation plus normale, plus convenable. Déjà des publicistes et des moralistes, qui jouissent d'une juste renommée, ont présenté des plans de réforme qui n'ont d'autre défaut que celui d'être impraticables. Pour rectifier les imperfections du vaste édifice social, ils ne trouvent d'autre combinaison que celle de le saper jusque dans ses fondements ; et sur ses immenses décombres, ils proposent d'en reconstruire un autre qu'ils pensent devoir être plus parfait, plus régulier. Mais l'histoire des peuples est là pour donner un démenti à leurs utopies plus ou moins brillantes, et pour prouver qu'il existe pour les États des moyens de consolidation et de perfectionnement préférables à ceux qui n'ont pour objet que de faire jouer la mine, au risque d'écraser les nombreuses populations abritées sous les voûtes même imparfaites de l'édifice social qui depuis tant de siècles les protégent. Sans doute qu'il y a encore loin de l'état de barbarie à celui où nous vivons, et que les calamités qui surgissent de nos modernes institutions sont encore plus supportables que celles engendrées par les révolutions et par les guerres civiles. Nous possédons incontestablement tous les éléments d'ordre, de force, de travail et de prospérité, au milieu, il est vrai, des abus les plus révoltants. Il ne s'agit donc que de savoir employer utilement ces éléments qui sont entre nos mains, pour faire disparaître peu à peu les vices et les abus qui nous rongent et nous démoralisent.

Mais où trouver un levier assez fort pour amener d'aussi heureux résultats, lorsque la religion y est demeurée impuissante, lorsque les lois, les institutions, la morale, la conscience, ne jouent plus qu'un rôle secondaire, et n'opposent qu'une trop faible digue contre le débordement de la plus basse des passions, une cupidité effrénée et sans bornes ? Quel difficile problème à résoudre, quelles écuries d'Augias à nettoyer, si l'on veut apporter une amélioration réellement salutaire dans le cœur si profondément ulcéré d'une société si éminemment corrompue ! L'entreprise est immense, et paraît même impossible au philosophe qui a consacré ses veilles à l'accomplissement d'une aussi grande tâche. Dans son découragement, il recule épouvanté devant les immenses difficultés de cette œuvre toute céleste commencée par l'envoyé du Dieu des chrétiens, œuvre sainte et sublime que les passions humaines ont transformée en une grossière et perpétuelle déception. La voie jusque-là parcourue doit donc être remplacée par une autre moins parfaite, mais plus facile et plus directe, si l'on veut seulement conserver un faible espoir d'opérer une amélioration sociale, seul but que l'on doive se proposer d'atteindre ; et puisqu'en s'obstinant à combattre de front cette cupidité et cet égoïsme innés dans le cœur humain, toutes les combinaisons les plus sages du moraliste n'ont pu parvenir à les dompter, ne serait-il pas plus rationnel d'utiliser pour le bien général et particulier de l'humanité ces dispositions vicieuses qui la dominent? N'est-ce pas ainsi qu'un pilote expérimenté doit savoir profiter de la vague impétueuse, afin qu'au lieu d'engloutir le navire placé sous sa responsabilité, elle serve à le pousser plus promptement et plus sûrement dans le port?

Un penchant invincible, enraciné profondément dans le cœur de l'homme, domine toute son existence. Ce penchant est le sentiment plus ou moins exalté de l'égoïsme. Toutes ses actions aboutissent invariablement à la satisfaction de cette inclination irrésistible. La vertu la plus pure, l'action la plus héroïque, n'en sont point exemptes. Malheureusement, dans l'état si imparfait de notre organisation sociale actuelle, ce guide, donné par la nature pour la conservation des êtres, devient un véritable fléau par son application trop forcée et surtout trop inintelligente. Il s'agit donc, non pas d'exiger mal à propos et vainement l'abnégation impossible de ce sentiment aussi dominant chez l'homme que celui qui le porte invariablement à la reproduction de son espèce, mais seulement de l'amener à devenir une source féconde de prospérité principalement destinée à atténuer les calamités qui atteignent sans cesse les classes les plus infimes et les plus nécessiteuses de la société.

Au premier aperçu, il semblerait que le problème devrait être résolu par les résultats obtenus par l'égoïsme individuel contribuant à une prospérité commune, par suite d'efforts isolés, mais convergeant vers un même but, celui qui procure l'augmentation de la masse générale des richesses et l'accumulation des produits du travail et de l'industrie. Sans doute qu'il en devrait être ainsi, si la société n'était pas partagée en êtres riches, puissants, d'intelligence supérieure, et en êtres oubliés par la fortune, qui deviennent plus ou moins les victimes, les parias des premiers. Or, cette inégalité, lorsqu'elle n'est pas combattue par de sages mesures, par d'habiles précautions humanitaires et philanthropiques, tend à diviser la société en deux camps ennemis, toujours hostiles l'un à l'autre, et qui compromettent au plus haut point sa sécurité, son bonheur et sa prospérité. Toute proposition qui aura pour but de faire disparaître un état de choses aussi déplorable que dangereux mérite l'examen de tous ceux qui possèdent aussi bien que celui des trop nombreux prolétaires. Et si de cet examen sérieux et approfondi il en ressort que les données présentées sont d'une application facile et avantageuse, il est évident que les gouvernants et les gouvernés ne sauraient trop s'empresser de les adopter et de concourir d'un commun accord à leur prompte exécution, nonobstant quelques faibles et partiels inconvénients, suite nécessaire de la réalisation de toute nouvelle proposition.

Cependant, avant de retracer les moyens à employer, et que nous croyons propres à donner une impulsion nouvelle et avantageuse à l'organisation sociale, nous pensons avoir le droit de rappeler que la meilleure des conceptions est presque toujours dédaignée, repoussée, ajournée ou mise en oubli, principalement lorsqu'il est question de progrès humanitaires. On ne doit pas ignorer non plus que cette longue hésitation de l'esprit humain pour l'adoption de certaines améliorations est souvent un signe infaillible de leur à-propos et de leur importance. Entre des milliers de preuves que nous pourrions fournir à l'appui de notre assertion, nous nous bornerons à reproduire un seul fait qui les résume pour ainsi dire tous.

Personne n'a encore oublié ce réceptacle de vices qui, naguère, au milieu de Paris, au Palais-Royal, se montrait audacieusement en affrontant les mœurs et la décence publique, et qui avait pour digne pendant une infernale et désastreuse maison de jeu, soutenue, comme tout le reste, par la protection ouverte de l'autorité. Que de réclamations persévérantes et toujours inutiles s'élevèrent pendant plus d'un demi-siècle pour demander la suppression de ce cloaque impur, si révoltant, si dangereux, placé comme un piége toujours tendu à la passion et à l'inexpérience des nombreuses victimes qui, journellement, venaient y perdre fortune, honneur, santé, et souvent même jusqu'à une existence troublée par d'insupportables remords ! Que d'efforts n'a-t-il pas fallu de la part de nos modernes législateurs les plus purs pour obtenir enfin la destruction de ce hideux monopole ! Et pourtant, alors, pas plus qu'à présent, personne n'eût osé prendre ouvertement la défense de ce honteux repaire établi au milieu de la capitale du monde civilisé. Car, en tous lieux, même avec les mœurs les plus dépravées, la pudeur publique suffit pour s'opposer à ce que le vice soit ostensiblement préconisé. Mais avec un langage fleuri, des mœurs corrompues, on trouve facilement le moyen d'éluder l'adoption des mesures de bien public les plus urgentes, les plus indispensables. Le cloaque pestilentiel dont se plaint la nation a été établi dans un but de *revenu fiscal*, répondaient nos sages partisans du *statu quo* quand même. Il forme avec la loterie, cet autre piége immoral, une branche importante du revenu budgétaire de la capitale, et la destruction de ce monstrueux droit d'octroi de *bienfaisance* ne saurait avoir lieu, puisque son produit, ajouté à tant d'autres presque aussi immoraux, aussi nuisibles, est même insuffisant pour *équilibrer* la recette avec la dépense ; *et nos habiles conservateurs* passaient à l'ordre du jour (1).

(1) En ce moment même, des réclamations incessantes, toujours demeurées inutiles, ne peuvent obtenir la suppression du trop extraordinaire monopole de la fabrication de la poudrette établie à la porte de Paris, et qui, malgré de justes plaintes, empeste la moitié de ses habitants. Ces immenses dépôts de matière fécale, concentrés à la Villette, jouissent d'un privilége de bon plaisir inconcevable lorsqu'il s'agit d'un tel établissement, reconnu insalubre et nui-

Les classes souffrantes ne cessent de demander par les organes qui les représentent véritablement d'être justes envers elles, de ne plus les écraser par des monopoles odieux, de leur faciliter les moyens de vivre par le travail le plus rude dans cette société qui profite plus qu'eux-mêmes du produit de leurs sueurs. Elles ne cessent de rappeler qu'on leur promet toujours la suppression totale de l'immoral et stupide impôt du sel, suppression qui favoriserait notre agriculture si arriérée, et hâterait ses trop lents progrès, tout en donnant aux classes les plus nécessiteuses quelques moyens d'élever leurs nombreuses familles, de diminuer la misère qui les accable, ainsi que les maladies qui en sont la fatale conséquence. Elles demandent encore vainement la diminution de l'impôt des boissons, de cet impôt exagéré qui, dans les grandes villes, oblige le malheureux ouvrier à se priver de l'usage du vin, si nécessaire pour soutenir ses forces épuisées, et pour rétablir son estomac et sa santé trop délabrés par l'usage de boissons dénaturées, et dont une cupidité budgétaire devient une prime pour leur falsification. Vous n'ignorez pas, cependant, imperturbables ministres et habiles législateurs, que de semblables privations, ajoutées au trop faible salaire d'un travail précaire et souvent refusé, refoulent un grand nombre de victimes dans ces tristes asiles de la misère, dans lesquels une société plus sagement organisée les eût préservés de tomber. Que vous importe, nous le répétons, d'aussi tristes résultats? L'impôt du sel, du vin, est nul pour vous, ô riches de la terre! tandis que, proportionnellement, il est écrasant autant que désastreux pour les prolétaires, pour les parias de votre prétendue civilisation chrétienne. Nous vous accordons d'être de parfaits équilibristes budgétaires, mais vous ne vous êtes jamais piqués de professer et encore moins de pratiquer les préceptes d'unité fraternelle et d'égalité évangéliques. Vous reléguez ces divines vérités aux

sible au plus haut degré. Ce privilége ne peut réellement s'expliquer que par une protection inviolable d'un *statu quo* indéfini. On sent bien alors pourquoi la chaîne qui fixe ce dangereux cloaque aux portes de Paris ne peut plus être rompue. — On n'en finirait pas si l'on voulait seulement énumérer tous les abus révoltants placés sous la sauvegarde de pareilles immunités.

adeptes qui sont en possession d'en faire usage et en conservent le monopole exclusif. Vous vous maintenez dans votre rigoureux droit de chacun chez soi, chacun pour soi, et du rien pour rien, lorsque vous possédez tout. Vous refusez la réforme postale et l'abolition de l'esclavage, peut-être par cela même qu'il en résulterait un grand progrès humanitaire. Car votre langage captieux et avocassier n'en impose à personne, lorsque vous rejetez, par votre menace accoutumée de fausses craintes de rupture *d'équilibre budgétaire*, ces réformes aussi justes qu'utiles, et dont l'Angleterre vous a donné vainement depuis peu le salutaire exemple. Mais si la France, nous le savons, en agit avec autant de parcimonie et de liberté lorsqu'il s'agit de ses fausses et étroites combinaisons d'administration intérieure, il n'en est plus de même quand elle est forcée d'obéir à la politique anglaise. Alors on la voit prodiguer son sang et ses trésors pour l'émancipation des Grecs; se borner à des vœux stériles et dangereux pour celle des malheureux Polonais; suspendre le cours de ses victoires, tout en payant les frais de la guerre au Marocain étonné; n'oser se montrer en Syrie et en Egypte, dont l'isthme de Suez l'a bannie; et ailleurs, l'incorporation de la Belgique refusée, Ancône évacué, Pritchard indemnisé, Pomaré respectée, ne prouvent que trop qu'en tout et partout la France n'est plus qu'un instrument aveugle et docile entre les mains de sa trop exigeante rivale.

Si, comme chaque jour en fournit la preuve, ceux qui doivent être les sentinelles avancées du progrès, et les dispensateurs des réformes les plus pressantes et les plus utiles, en sont devenus, dans leur égoïsme outré et inintelligent, les plus puissants et les plus dangereux adversaires, nous devons supposer d'avance que des conceptions, quoique évidemment avantageuses au bien général, ne rencontreront aucune sympathie dans des cœurs qu'on peut, sans exagération, qualifier d'antisociaux. Et, en effet, sans une longue éducation, sans une transformation presque totale, des Caraïbes, par exemple, pourraient-ils perdre leurs appétences primitives, quoique les meilleures raisons leur en prouvassent la nécessité? Il ne faut donc pas se faire des illusions, que l'expérience

s'est chargée de détruire, sur la prompte réalisation des combinaisons les plus utiles et les plus indispensables pour l'avancement du
progrès social et humanitaire, lorsqu'elles froissent dans leur application de pareils antagonistes. Il ne reste, pour en assurer le
succès, que la force de la vérité et l'évidence du bien-être matériel
qu'elles doivent procurer. Tels sont les seuls et faibles éléments de
réussite sur lesquels, dans ce siècle d'égoïsme inintelligent et de
corruption générale, nous avons droit de compter pour arriver,
trop lentement, à l'accomplissement de l'œuvre sociale que nous
allons proposer.

Nous admettrons d'abord, en thèse générale, et pour arriver à
la solution de notre question, qu'il existe dans les sociétés organisées une plus grande quantité d'éléments nécessaires pour activer
le travail et réaliser les produits de l'industrie, que ne seraient
capables d'en mettre en œuvre les populations les plus nombreuses
et les plus avancées. Lorsqu'une partie de ces populations manque
de travail et par suite de moyens d'existence, la société, qui ne sait
pas employer leur force et leur bonne volonté pour les occuper
utilement, fait preuve de l'absence des notions les plus simples
d'économie politique, et porte immédiatement la peine de son impéritie. En effet, une double perte résulte pour elle de l'inertie
forcée de ces classes laborieuses, par la non-valeur de ce qu'elles
auraient pu produire et par la charge qu'elles occasionnent à la société, obligée, humanitairement et dans son propre intérêt, de
venir à leur secours. Là ne se borne pas tout le préjudice, puisqu'il naît encore un désordre moral et matériel d'une situation
anormale si onéreuse et si fatale. Les uns attribuent ce désordre au
luxe, qui absorbe en trop grande quantité d'énormes capitaux qui
ne peuvent plus être répartis sur des travaux plus nombreux et
plus utiles. D'autres s'en prennent au prix trop élevé de la main-
d'œuvre, résultat de la cherté des subsistances, et qui s'oppose au
développement d'industries établies à meilleur compte chez des
nations voisines et rivales. D'autres encore, et c'est le plus grand
nombre, en accusent les vices de notre système financier, de nos
relations commerciales; l'exagération et les imperfections de nos

systèmes de prohibition, de fiscalité, d'impôts ; notre infériorité en marine, en agriculture, en commerce, en industrie ; nos folles et ruineuses entreprises de colonisation ; la dilapidation des deniers publics ; l'exagération des gros traitements, des sinécures. Enfin, on en trouve encore la cause dans la corruption générale, dans l'impuissance des lois et de la religion sur le débordement des passions ; dans un faux et dangereux système d'agiotage, dans un égoïsme et une cupidité outrés, source des crimes les plus honteux ; ainsi que dans la stérile et ignoble avarice, cette fille aînée de la dégénération du cœur humain et de l'affaissement de toutes les facultés physiques et intellectuelles. Chacun juge de son point de vue particulier pour assigner les causes de calamités qui menacent de devenir permanentes et que la rareté des subsistances vient d'aggraver si cruellement ; car le haut prix des objets de première nécessité a toujours produit une perturbation désastreuse parmi les classes laborieuses, et dont le contre-coup se fait ressentir jusque dans les sommités du commerce et de l'industrie.

Il est certain que toutes les causes que nous venons d'énumérer, contribuant plus ou moins à arrêter le développement de l'industrie et à amener la suppression d'un grand nombre de travaux, ont plus que jamais, dans ces derniers temps, mis à la charge de la société beaucoup d'individus laborieux, tout à coup privés de travail et de moyens d'existence. Sans doute qu'une réforme sociale, pour être complète, exigerait la destruction de tous les abus, de toutes les imperfections qui entravent les mouvements des rouages si compliqués et si détériorés de la machine gouvernementale. On concevra qu'une pareille tâche, dans un ordre social où l'intrigue et la corruption dominent, où toutes les passions les plus honteuses, les plus cupides sont publiquement déchaînées, est presque impossible à remplir, et que le but proposé est bien difficile à atteindre. Les efforts impuissants, quoique les mieux combinés et les plus persévérants, de nos moralistes et de nos socialistes modernes, toujours vainement employés à l'accomplissement de cette œuvre aussi épineuse que délicate, ont eu jusqu'à présent des résultats trop nuls pour que nous osions en espérer un meilleur succès dans l'avenir. En attendant, les nombreuses classes de la société, qui ne vivent que d'un travail journalier devenu de jour en jour plus précaire, réclament, dans la position difficile et malheureuse où elles se trouvent placées, des remèdes prompts et efficaces pour changer à leur égard un si déplorable état de choses. Pour répondre à leurs vœux, nous allons indiquer des moyens que nous croyons supérieurs à ceux mis en avant jusqu'à présent par nos socialistes, puisqu'ils reposent sur des bases bien différentes des leurs, qu'ils sont puisés dans le cœur humain, et en rapport avec ses penchants les plus invétérés. De la bonne et sincère application de ces nouvelles données dépendront, nous le disons hautement, l'accroissement du bien-être moral et matériel réclamé par une civilisation qui éprouve le besoin de sortir des voies fausses et funestes où l'erreur autant que l'ignorance, jointe à de coupables calculs, voudrait encore la retenir. Notre civilisation moderne est incontestablement en progrès : elle sent sa force, elle commence à comprendre ses besoins; elle saura nous entendre, et, ce qui vaudra mieux, elle saura adopter des mesures salutaires destinées à la revivifier. Elle saura, nous n'en doutons pas, entrer sans secousse et sans violence dans cette nouvelle ère que nous allons lui indiquer, et dont elle pourra immédiatement retirer d'incontestables avantages.

Nous avons souvent réfléchi avec amertume que, depuis l'origine de la civilisation, l'art le plus étudié, le plus perfectionné, a toujours été celui de la guerre. Les plus hautes, les plus savantes combinaisons sur l'administration, la stratégie, les finances, sur les instruments de destruction, sur les moyens d'exalter le courage, de le discipliner, etc., ont toujours eu pour objet ce penchant si funeste parmi les nations, et dont l'unique but est de s'assurer la victoire par les moyens les plus ingénieux de l'infernal génie du mal. On sait que, pour colorer ces instincts de férocité, de domination et de barbarie, inhérents aux passions cupides et égoïstes qui sont la règle de la perversité humaine, pour justifier les épouvantables calamités qui en sont la conséquence, les prétextes les plus spécieux n'ont jamais manqué. Aujourd'hui encore ils ne font pas plus défaut qu'autrefois. Nous laisserons au moraliste, au philosophe le soin de faire ressortir le hideux, l'antisocialisme de ces déplorables excès. Quant à nous, nous ne nous occuperons que d'en tirer les points de comparaison nécessaires à l'organisation matérielle de notre réforme sociale. Nous observerons d'abord, dans cette intention, que, si depuis leur origine les sociétés eussent procédé pour l'avancement des progrès humanitaires et matériels comme elles l'ont fait pour celui de l'art de la guerre, il est hors de doute qu'elles ne fussent déjà parvenues à des résultats plus avantageux pour leur bonheur et leur prospérité que ceux qu'elles ont obtenus. Ensuite, elles ont encore manqué leur but, malgré les lois et les religions instituées comme des freins salutaires, et néanmoins restées insuffisantes, sinon totalement impuissantes, pour faire entrer aussi complétement que possible les peuples civilisés dans la voie du progrès humanitaire et matériel. Mais, lorsqu'on examine attentivement ce qui a lieu pour l'organisation d'une armée, on y voit les peines disciplinaires ne former qu'une faible partie des ressorts qui font mouvoir et entretiennent ces vastes corps composés d'individus d'opinions et d'intérêts si divers. On sait qu'il faut encore ajouter à ces peines, qui ne sont, pour l'ordre militaire, que ce que sont les religions et les lois pour l'ordre civil, les nombreux et puissants éléments des combinaisons les plus intelligentes et les plus perfectionnées. En effet, on ne parvient, en temps de paix comme en temps de guerre, à maintenir l'organisation matérielle et morale des armées, d'abord que par le recrutement et par une solde convenable, ensuite à leur assurer la supériorité des armes et de la tactique par des études approfondies, par l'émulation habilement entretenue entre les chefs et les soldats, au moyen d'un avancement juste et régulier, et surtout par l'amour-propre et l'égoïsme satisfaits avec des grades, des honneurs et des récompenses pécuniaires. Dans le nouvel ordre de choses que nous allons proposer, nous considérerons la société comme une armée permanente et déjà organisée pour marcher vers un noble but, un résultat commun, le plus utile et le plus moral de tous ceux qu'elle poursuit, le progrès humanitaire, inséparable, lorsqu'il est bien compris, du progrès matériel. Il ne s'agira donc plus, pour donner l'élan qui conduit au but, que d'ajouter le même stimulant, la même discipline qui procure la victoire aux armées; il y aura cette différence cependant, que toute contrainte sera entièrement bannie de nos phalanges progressives humanitaires, et que leurs travaux ne seront que la conséquence de l'amour-propre et de l'égoïsme satisfaits, ou si l'on veut, en plus beaux termes, la conséquence de l'amour de la gloire, des honneurs, des richesses, et d'une considération publique justement acquise.

Déjà on a vu des hommes intelligents et à vues élevées, sans doute en trop petit nombre, développer, dans des contrées même arriérées, des éléments d'industrie agricole ou manufacturière dont ils ont réussi à obtenir d'assez grands bénéfices, tout en s'attirant la considération publique. Ils sont parvenus à apporter la vie, l'aisance et la prospérité là où n'existaient souvent que la stérilité et la plus profonde misère, et ont su tirer un parti merveilleux de cette riche et inépuisable mine qu'en tous lieux les travaux de la terre offrent à ses industrieux habitants. En contribuant ainsi au bien général, ils ont pu satisfaire en même temps ces sentiments, devenus alors louables, d'égoïsme, de cupidité et d'ambition, qui absorbent l'existence entière. Ce que quelques rares individus ont su faire d'utile pour eux et pour leurs compatriotes, tous peuvent proportionnellement en faire autant d'après leur position sociale et suivant la sphère d'activité où le sort et leur degré d'intelligence les ont placés. Il suffira de généraliser, par des mesures simples, faciles et attrayantes, l'application des moyens de travail, d'ordre et de prospérité dont ces hommes supérieurs ont su se servir avec autant d'intelligence que de capacité. On y réussira certainement en organisant avec régularité les phalanges progressives humanitaires dont nous allons parler, et en leur accordant à peu près les mêmes droits d'élection que ceux attribués à notre garde nationale. Dans chaque commune, par exemple, des listes électorales imprimées seront remises tous les ans à leurs habitants, tous destinés à représenter les phalanges humanitaires, pour qu'ils aient à désigner, sous la forme d'un scrutin libre et indépendant, les *cinq* personnes qui, par leur zèle et leur intelligence, auront su organiser ou développer dans leur commune les travaux et les industries qui, quoique les plus utiles et les plus avantageux pour leurs propriétaires, ont aussi été les plus favorables pour occuper les nombreuses classes des travailleurs qui n'ont pour gagner leur vie que la ressource de leurs bras. Ces *cinq* personnes, ainsi parvenues à procurer, même dans leur propre et exclusif intérêt, du travail et par conséquent du pain à des prolétaires qui, peut-être, sans ces utiles travaux, n'auraient pu réussir à en obtenir, seront évidemment, sous ce rapport, les plus méritantes de leur commune. Ces nominations, terminées à des époques fixes (après l'hiver, par exemple), seront ensuite transmises dans les chefs-lieux de canton, où il sera procédé, par toutes les séries des *cinq* personnes déjà nommées dans chaque commune, à une nouvelle élection de *cinq* d'entre elles qui auront encore mieux rempli le but dont nous venons de parler. Les élus de tous les cantons feront ensuite dans leurs sous-préfectures la même opération que celle des cantons. Enfin, dans les mêmes vues, une dernière élection de *cinq* personnes aura lieu à chaque chef-lieu de département par les élus des sous-préfectures qui en dépendent. De sorte que le tableau imprimé de ces différentes opérations contiendra toutes les nominations faites successivement dans les communes, dans les cantons, dans les sous-préfectures et dans les chefs-lieux des départements.

On conçoit combien tous ces choix désintéressés et annuels seront honorables pour ceux qui en auront été l'objet, et combien ils devront entretenir une noble émulation parmi ces hommes supérieurs, ainsi devenus les porte-drapeaux des phalanges humanitaires et industrielles, après avoir si hautement et si glorieusement mérité les éloges et la reconnaissance de leur pays. Ces tableaux, qui renfermeront des détails humanitaires et industriels toujours remplis d'intérêt, attireront des louanges universelles sur les noms qu'ils renfermeront par la publicité que la presse périodique s'empressera de leur accorder. Le crédit et les hommages les plus flatteurs accompagneront en tous lieux des noms aussi respectables.

Leurs inscriptions sur ces modernes tables d'airain vaudront à ceux qui les porteront des honneurs et des sentiments de considération bien au-dessus de ceux qu'on reporte sur de brillants orateurs ou sur d'illustres guerriers. Le mérite qui leur est attribué n'est-il pas, en effet, bien au-dessous de la gloire réservée à ceux qui sont proclamés par leurs concitoyens les bienfaiteurs de l'humanité? Ces proclamations, on peut en être certain, inspireront un respectueux dévouement aux masses et formeront un manuel populaire adopté par leur reconnaissance. L'amélioration des classes pauvres et souffrantes, voilà la vraie politique de ce siècle, la grande mission de la France d'aujourd'hui, mission plus grande et plus sainte, mais aussi plus longue, plus difficile que celle que nos pères ont accomplie au prix de leur sang et de leurs larmes. Pour atteindre ce noble but, n'oublions jamais que la jouissance procurée par les bonnes actions, par des travaux utiles, est la source la plus pure et la plus féconde de tout principe de régénération sociale.

Personne ne contestera ces vérités, pas plus que la facilité d'exécution du plan que nous venons de tracer. Les devoirs du prêtre, du magistrat, du citoyen, seront de coopérer de tout leur pouvoir à sa réalisation, puisqu'il présente, plus que tout autre, les éléments les plus parfaits d'ordre et de sécurité qui puissent assurer immédiatement et sans secousse, comme nous l'avons inscrit en tête de notre programme, les plus grands progrès humanitaires et matériels possibles. La tâche de la religion et de la justice, dans ce nouvel ordre de choses, n'en sera pas moins utile et respectable, et restera intacte ainsi que l'action gouvernementale. Sous un autre rapport, l'amélioration sociale qui proviendra de l'exécution d'un pareil projet ne pourra que contribuer à propager les idées de bien-être et de stabilité si nécessaires pour consolider même les institutions les plus populaires et les plus favorables aux intérêts des masses. C'est ainsi que l'ordre et le travail aussi généralement encouragés et récompensés deviendront plus que jamais la meilleure école pour l'instruction et la morale des peuples, et pour amener la destruction du paupérisme. Nous pensons donc avoir bien servi notre pays, selon le degré de nos forces et de nos moyens, en l'engageant à s'occuper sérieusement d'une amélioration facile à réaliser, et qui ne peut être comparée à ces dangereuses ou folles utopies dont on ne cesse de l'entretenir et dont il ne saurait trop se méfier.

Depuis l'avènement du Christ, l'humanité est entrée dans une ère nouvelle d'indulgence, d'unité et de fraternité qui lui a été octroyée par la sagesse d'une impénétrable Providence, afin de la conduire aux destinées qui lui ont été promises. Le sang répandu par de nombreux et d'augustes martyrs, tant de souffrances endurées pendant cette longue et douloureuse période d'expiation, doivent à la fin racheter de trop grandes iniquités. Le moment si désiré de cette transition est venu, nous devons l'espérer, où la dégradante et parcimonieuse aumône, si difficilement accordée à l'homme valide qui réclame vainement et avant tout du travail, doit disparaître pour faire place à une plus sage combinaison sociale. Une aussi grande œuvre humanitaire ne peut être que le résultat de cette unité et de cette solidarité universelles mieux comprises. Et en effet, lorsque le père de famille, dans l'idée désespérante que ses bras et ses forces lui deviennent inutiles pour pourvoir à ses besoins et à ceux de ses enfants, est obligé d'endurer avec eux un supplice non mérité plus affreux que la mort, tout cœur bien né ne partage-t-il pas leurs souffrances, et la société tout entière n'est-elle pas responsable des funestes effets de sa coupable et cruelle indifférence et de son inintelligent égoïsme? Aucun de ses membres ne peut être injustement repoussé de son sein, pas plus qu'elle ne peut sans crime lui refuser du travail et à défaut du pain, lorsqu'elle n'a contre lui aucun reproche fondé. Et cependant que de milliers de prolétaires réduits, faute de travail, aux plus dures extrémités, périssent isolément de misère ou refoulés dans les hôpitaux, dans un pays qui a ses montagnes à reboiser, ses fleuves à endiguer, ses rivières à utiliser, ses canaux à creuser, ses routes à achever, une grande partie de ses terres à défricher, son agriculture et son industrie si arriérées à perfectionner, etc., etc., c'est-à-dire qui présente plus de travaux utiles et indispensables que n'en pourraient exécuter plusieurs générations successives! Dans des circonstances aussi déplorablement anormales, encore aggravées par les intempéries, les inondations, les fléaux de toute espèce, et surtout par la recrudescence des calamités qu'entraînent toujours avec eux l'agiotage et la corruption égoïste qui dominent les classes les plus riches de la société, les populations en viennent à regretter les désastres de la guerre, les pestes et les choléra qui, en les décimant, éclaircissaient leurs rangs et leur facilitaient l'obtention de ce travail et de ce pain dont la privation, dans un temps d'ordre et de paix, les fait périr d'une manière encore plus cruelle et plus barbare. Une époque où de pareils regrets sont chaque jour formulés n'est-elle pas l'image de ces eaux stagnantes et croupies devenues nuisibles et pestilentielles, faute d'avoir su leur procurer l'expansion et le mouvement nécessaires pour les rendre propres à l'agriculture, à l'industrie et à tous les usages de la vie? Aussi il viendra un temps, nous pouvons en être certains, où notre époque de déception sera considérée comme incompréhensible; trop occupée à se débattre dans les entraves d'une absurde et dévorante fiscalité, elle n'aura réellement ni su ni voulu utiliser les éléments de travail et d'industrie dont elle surabonde, aveuglée qu'elle est par ses faux calculs d'agiotage et d'une avare cupidité.

Sans doute que pour adoucir ces tristes et trop vraies réflexions se présentent l'humanité et la religion pratiquées avec sincérité par un petit nombre de gens de bien; et parce qu'il se rencontre jusqu'à quelques femmes purement mondaines et coquettes, ignorant ou méconnaissant même les doux sentiments de la maternité, qui se montrent encore sensibles aux maux de la grande famille du genre humain, et paraissent vouloir aussi les soulager, ne sait-on pas que ces rares et exceptionnels élans, toujours combattus par le dur et froid égoïsme des classes riches, ont encore besoin, pour se produire, d'être excités par le stimulant de plaisirs frivoles, de l'amour-propre mis en relief, ou de la vanité satisfaite? La marche du progrès humanitaire et matériel, pour devenir plus rapide, doit donc trouver ses bases, nous le répétons, dans un égoïsme plus intelligent et mieux calculé, et dont les intérêts généraux, comme ceux particuliers, puissent tirer d'incontestables avantages dans notre ordre social, si éloigné des mœurs primitives et patriarcales. Tous les économistes et les publicistes de quelque portée approuveront le plan et la méthode que nous avons indiqués, comme étant les plus sûrs moyens à mettre en pratique pour atteindre le but proposé. Déjà ils vont au-devant de nos prévisions par les allocations budgétaires de sommes considérables destinées à des travaux d'utilité publique. C'est alors que l'argent, ainsi employé, comme l'a dit à la tribune un de nos modernes législateurs, est réellement le meilleur placement que le contribuable puisse en faire. Et en effet, si tous les capitaux morts ou attirés par un agiotage toujours stérile ou improductif étaient reversés sur l'agriculture, sur le travail et l'industrie, à une époque où le génie de l'homme commence à se rendre maître des éléments et à obtenir les immenses résultats promis par la puissante application du piston de la vapeur, un pareil emploi deviendrait le point d'appui et le levier demandés par Archimède; il suffirait pour porter la prospérité, la vie et le mouvement sur le globe entier.

Que de calamités, que de désordres n'éviterait-on pas, surtout dans les grandes villes, par la réalisation d'une organisation humanitaire aussi facile à établir que celle de procurer du travail à ceux qui en manquent ! Il ne resterait plus de prétextes pour l'oisiveté et le vagabondage, ni pour ces plaintes amères et ces violentes imprécations contre une société qui remplirait ainsi ses devoirs envers ses membres les plus infortunés. A ces sages mesures d'ordre et de vitalité continueraient de se joindre celles non moins utiles d'établissements de crèches, de salles d'asile, de distributions de secours, puisque cette grande famille humaine est sujette à tant d'autres besoins, à tant d'autres infirmités qui réclament encore l'active bienfaisance des cœurs généreux. Mais si les faibles, les non valides doivent être secourus dans une société bien organisée, on avouera qu'il n'est pas moins humain, et tout aussi juste et indispensable pour le bon ordre, pour le bien-être des masses, et pour le progrès humanitaire et matériel, de s'empresser de procurer du travail à ceux qui sont valides et qui en manquent, malgré toute leur bonne volonté pour en obtenir. Nos députés retrouveraient dans la capitale, au moyen des comités qu'ils y établiraient dans un si honorable but, de nombreux infortunés de leurs départements auxquels ils pourraient porter un intérêt plus direct et plus éclairé pour leur faciliter les moyens de travailler. Car ici, il ne s'agirait ni d'intrigues, ni d'emplois à convoiter, mais bien d'une œuvre humanitaire que les seuls secours volontaires et parcimonieux des classes riches ne sauraient remplacer. On sait trop que ces classes, uniquement par égoïsme et pour la satisfaction de leur vanité et de leur amour-propre, consentent encore à jeter publiquement quelques aumônes avec grand renfort de cymbales et de trompettes; mais autrement, et sauf quelques rares exceptions, leurs cœurs comme leurs demeures, qu'on le sache bien, restent entièrement fermés. Les divins préceptes du Christ sont aussi sans force contre leurs équilibres budgétaires d'intérieur, seulement calculés dans l'intérêt de leurs plaisirs et de leur luxe ; et cependant les riches crient encore bien fort contre ceux que l'extrême besoin oblige à s'humilier chrétiennement pour leur demander un secours. Afin de déguiser la dureté de leurs cœurs, ils se récrient emphatiquement et font grand bruit à l'occasion d'insignifiants abus de secours quelquefois mal appliqués ou payés d'ingratitude, lorsqu'on peut leur reprocher avec plus de justice les nombreux et révoltants faits de perversité et de cupidité qui sont pour ainsi dire l'apanage des hautes classes. Il y a donc une urgente nécessité, nous le répétons, d'arriver promptement à une transformation sociale, au moins plus parfaite que celle qui n'aboutirait qu'à cette taxe des pauvres enfantée par la richesse et par l'orgueil britannique. Il est temps de reconnaître que si autrefois le couvent et le château attiraient des habitants qui venaient y chercher secours et protection, aujourd'hui l'usine et la manufacture les ont remplacés pour accorder leur utile et laborieux appui à des populations plus intelligentes et plus nombreuses.

Toutes les améliorations sociales les mieux calculées dans l'intérêt du progrès humanitaire et matériel, en y comprenant celles que nous avons indiquées, seront trop restreintes, trop faibles dans leurs résultats, nous devons l'avouer, si elles ne sont favorisées dans leur ensemble par un gouvernement fort et intelligent, plus capable d'en seconder le développement que d'en entraver l'essor. Son devoir, on le sait, est de faire fleurir l'agriculture, le commerce et l'industrie, ces sources de toute prospérité ; et lorsqu'il les néglige, il devient un véritable fléau pour la nation obligée de supporter les funestes conséquences de sa mauvaise foi, de son impéritie et de sa lâcheté.

D'importants traités de commerce avec les puissances étrangères, de nombreux perfectionnements d'organisation intérieure deviendront évidemment un complément indispensable des salutaires combinaisons que nous avons signalées, si l'on veut assurer le succès de nos propositions, et augmenter les avantages qui doivent résulter de leur sincère adoption. Dans la perspective de cette grande œuvre sociale et humanitaire, nous faisons aussi des vœux pour que le système d'intrigue et de corruption qui nous absorbe disparaisse entièrement, pour faire place à des sentiments plus généreux et plus favorables à la prospérité et à la gloire de notre pays. Le moment est venu de le sortir de l'état d'abjection où le plonge chaque jour davantage l'égoïsme d'une cupide démoralisation devenue aussi désastreuse que générale [1].

[1] Dans un état comme la France, lorsque la corruption domine, lorsque cette corruption y est une situation normale et qu'elle descend du sommet à la base, les améliorations humanitaires et matérielles deviennent bien difficiles, sinon impossibles. Dès qu'il n'y existe plus comme autrefois, comme ailleurs, de hautes classes qui se respectent et que l'on respecte, une aussi triste transformation sociale s'oppose évidemment au développement de tous ces sentiments généreux, de toutes ces grandes conceptions qui placent les nations au premier rang ; car, comme le dit judicieusement un de nos économistes modernes (M. A. Terwangne), le faible suit l'impulsion du fort, l'inférieur imite le supérieur, et, toujours esclaves des influences, les passions s'ennoblissent ou s'avilissent. Et actuellement quels tristes résultats à prévoir d'une cupidité générale tellement honteuse, tellement effrénée et familière, que dans tous les rangs on ne connaît plus d'autres moyens pour arriver promptement à la fortune que les chances scandaleuses d'un agiotage criminel, toujours appliqué effrontément et publiquement à toutes

La France a devant elle un immense dédommagement providentiel et humanitaire, si elle veut s'occuper, avec cette ardeur qui lui est si naturelle, du rapide développement de son agriculture et de son industrie. Après les avoir malheureusement trop négligées, à la grande satisfaction de son éternelle rivale, et pour réparer le temps perdu, elle doit cesser de se livrer à l'avenir aux tiraillements de partis, aux discussions habituelles, interminables, oiseuses et sans portée, qui l'absorbent sans aucun profit, et reprendre enfin le rang qui lui appartient, celui de marcher hautement à la tête du progrès humanitaire et matériel, et de la civilisation européenne. Ce beau rôle lui est dû, et aucune puissance ne saurait le lui ravir. Nous avons cherché à lui faciliter l'entrée de cette voie de prospérité et de gloire intérieures, en lui jalonnant la route nouvelle qu'elle devra parcourir. Il lui reste à y entrer franchement, elle sera certaine d'y atteindre le noble et utile but qui s'y trouve tracé ; puisse-t-elle en même temps apprécier les vœux que nous n'avons cessé de faire pour sa gloire et son indépendance, et adopter, dans nos travaux, les documents qui pourraient lui être utiles ; car nous ne les avons publiés que dans l'unique vue de contribuer à sa prospérité et à son bonheur.

les industries, dont il atrophie jusque dans leur source les efforts les mieux combinés ! Sous un pareil régime, et avec un semblable système ouvertement accepté du gouvernement, tout se dessèche, tout se paralyse, tout se pervertit, et les masses profondément démoralisées, au lieu de s'attacher à de nobles et d'utiles carrières, ne deviennent plus que de misérables tripotiers de bourse ; heureux encore lorsque, dans leurs spéculations habituelles, nos modernes adorateurs de Plutus n'arrivent pas jusqu'à compromettre la vie et la santé de ces classes laborieuses qu'ils feignent si bien de vouloir protéger.